AF460968

36

EXERCICES POUR LE SOLFÈGE

à Changement de Clés

formant une 2.de Suite

AU SOLFÈGE D'ARTISTE.

Dédiés à

M.r CARAFA

de Colobrano

Membre de l'Institut, Officier de la Légion d'Honneur,
Directeur du Gymnase Musical Militaire.

PAR

A. PANSERON,

Professeur de Chant au Conservatoire, Chevalier de la Légion d'Honneur,
et de la Couronne de Chêne de S.M. le ROI des Pays-bas.

Prix net: 12.f

Ce Solfège est édité avec Basse chiffrée pour servir à l'Etude des Accompagnateurs.

PARIS.

Chez ***BRANDUS*** *et chez tous les M.ds de Musique,*
ainsi que chez l'AUTEUR, 21. Rue d'Hauteville,
à Londres, chez Boosey. Bruxelles, chez Schott. Milan, chez Ricordi. Mayence, chez B. Schott.

A. Lafont.

OBSERVATIONS

A L'USAGE DES ÉLÈVES DE SOLFÈGE.

Pour bien chanter sur toutes les clés, à leur vrai diapason il faudrait une voix qui eût une étendue immense et comme il n'en existe pas. Puisqu'il faut une clé différente pour chaque espèce de voix, soit basse-taille, baryton ou concordant, ténor, haute-contre (c'est à dire ténor élevé) soit contralto (voix la plus grâve des femmes) mezzo soprano et soprano, un seul chanteur ne peut donc chanter toutes ces clés à leur vrai diapason. Les clés de Fa 4me 3me ligne et clé d'Ut 4me ligne doivent être chantées par une voix de femme, une 8^{ve} au dessus du diapason. La clé d'Ut 3me ligne étant juste l'intermédiaire des 7 clés, met l'élève dans l'incertitude du diapason; c'est ce que j'ai dit dans mon solfége d'artiste page (57) Il faut donc pour que le soprano puisse chanter sur cette clé, à son diapason, lui écrire des notes au dessus de la portée; ou si l'on écrit dans la portée, il est obligé de chanter une 8^{ve} au dessus, comme il le fait pour la clé d'Ut 4me ligne et les clés de Fa. Pour une voix d'homme, les notes écrites dans la portée seront chantées à leurs vrai diapason. J'ai écrit les notes dans la portée plutôt que sur les lignes additionnelles parceque l'un est plus facile à lire que l'autre. Quant aux autres clés qui sont: la clé d'Ut 2me la clé 1re et la clé de Sol, les sopranos les chantent à leur vrai diapason. Le contraire arrive entièrement pour les voix d'hommes ce que les femmes chantent au vrai diapason est chanté par les hommes une 8^{ve} au dessous et les clés qu'elles chantent une 8^{ve} au dessus sont chantées par les hommes au vrai diapason.

La raison est, que les voix d'hommes sont à la distance d'une 8^{ve} au dessous de celles des femmes. Voilà ce qui explique comment la clé d'Ut 3me ligne met toujours l'élève dans l'indécision de l'8^{ve} à laquelle il doit chanter cette clé.

Un solfége à changements de clés n'est pas seulement à l'usage des chanteurs; les instrumentistes doivent aussi étudier ce genre de difficultés qui les mèt à même de comprendre l'art de la transposition.

L'Alto surtout, doit bien savoir la clé d'Ut 3me ligne puisque c'est sur cette clé que s'écrit sa partie. Il joue ordinairement les notes écrites dans la portée, celles écrites sur les lignes additionnelles lui sont moins fréquentes que les autres.

Bien que j'aie écrit plus particulièrement les notes de la clé d'Ut 3me ligne, dans la portée, au diapason des voix d'hommes, on trouvera aussi dans ces 50 leçons quelques passages écrits sur les lignes additionnelles à l'usage des voix de femmes.

Afin de donner quelque connaissance des différents styles, j'ai intercalé dans cet ouvrage six solféges de divers auteurs. M.r **AUBER** a bien voulu m'en donner un; les autres sont de **BACH, CORELLI, MOZART, SCARLATI,** et **ZINGARELLI.** Ces six leçons viennent apporter une grande diversité aux miennes et offrent un grand avantage aux élèves.

A L'USAGE DES ACCOMPAGNATEURS.

Tout en conservant dans cet ouvrage, l'ancienne manière de chiffrer parcequ'elle est encore la plus en usage en Europe, j'y ai introduit quelques modifications, espérant apporter quelques améliorations pour indiquer la position de l'harmonie; chose très essentielle pour accompagner dans la perfection; car il y a surtout une des 3 positions qui amène une harmonie manquant d'élégance. Celle qui donne la 5te de l'accord parfait et l'8^{ve} de l'accord de 7me à la partie supérieure est sans contredit la moins bonne, c'est donc celle ci que les accompagnateurs doivent éviter d'employer. Voilà pourquoi j'ai chiffré dans différents passages l'accord parfait par un 3 ou un 5 ou un 8. J'emploie ordinairement un 3, donc, lorsqu'on verra un 5 c'est que je veux la 5te à la 1re partie et lorsqu'on verra un 8 c'est que je veux l'8^{ve} à la partie supérieure. La croix indique, pour moi, ou l'augmentation ou la note sensible de la gamme. Ordinairement je chiffre l'accord de 7me dominante par un $\frac{7}{+}$ et lorsque cet accord module, je mets un ♮ ou un ♭ à la place de la croix sous le 7, pour indiquer la qualité de la 5te. Lorsque je mets un accident soit ♯ ou ♮ ou ♭ au dessus du 7 c'est pour indiquer que la 5te doit être au petit doigt ou partie supérieure et selon le cas je mets un ♭ ou 7 (♭7) pour indiquer que la 7me est bémolisée ou quelquefois un ♮ pour indiquer que la 7me est naturelle.

Sur la pédale je chiffre toutes les notes harmoniques à leurs distances respectives.

Selon la position je retourne certains chiffres ainsi $\frac{6}{4}$ donne la 6te à la première partie et $\frac{4}{6}$ la 4te à la 1re

J'ai pensé que ce moyen aiderait l'accompagnateur à choisir la position qu'il doit prendre. Il en est de même sur l'accord de $\frac{6}{5}$ ou de $\frac{5}{6}$ et sur celui de $\frac{3}{4}$ ou de $\frac{4}{3}$ selon le cas. Il en sera de même sur l'accord de 7me dominante passant sur la tonique que quelques nouveaux théoriciens nomment avec juste raison accord de onzième tonique; alors je le chiffre ou par +7 ou par $\frac{11}{9}$; et, selon le cas de la position, quand je la veux absolument je mets $\begin{smallmatrix}11\\9\\+7\\5\end{smallmatrix}$ ou $\begin{smallmatrix}9\\+7\\5\\1\end{smallmatrix}$ ou $\begin{smallmatrix}+7\\9\\4\\2\end{smallmatrix}$ ou $\begin{smallmatrix}9\\4\\2\\+7\end{smallmatrix}$, ces cas sont rares. Je chiffre l'accord de 7me dominante passant sur la tonique ainsi $\begin{smallmatrix}+7\\4\\3\end{smallmatrix}$ c'est l'accord que ces mêmes théoriciens nomment accord de treizième mineure. Selon le cas de la position je le chiffre $\begin{smallmatrix}13\\11\\9\\+7\end{smallmatrix}$ ou si je veux changer la position je retourne l'ordre de ces chiffres comme dans l'accord précédent.

Au surplus, ces leçons ne sont point une méthode d'harmonie. Mon but a été de donner des leçons nouvelles utiles à nos élèves de solfége, qui sont notre vraie pépinière musicale et donner en même temps quelques basses chiffrées de plus, à nos accompagnateurs qui ont peu l'occasion de lire de nouvelles leçons ainsi faites, puisque depuis longtemps on arrange tout pour le piano ce qui évite la difficulté de la basse chiffrée, mais ce qui perd cette science devenue un grimoire pour presque tous les musiciens à l'exception de ceux qui étudient l'harmonie à l'usage du piano.

Je sais qu'il est difficile de faire comprendre les innovations et surtout de les faire approuver et adopter. Le temps est le seul juge, il en décidera.

36 EXERCICES

pour le Solfège

à changements de Clés

par **A. PANSERON.**

Pour bien accompagner ces basses chiffrées, consultez mon traité d'harmonie pratique et particulièrement la page 129.

N° 1.

Les Virgules indiquent les respirations.

Paris, Imp. Ravel, 14 rue St. Marc.

N° 2.
Andante. (♩ = 92)
Chant.
Basse.

N°. 3. Contre point double à l'8ve

(1) Moderato. (𝅗𝅥 = 88)

(1) Soignez les intonations dans ce solfège qui module de 5te en 5te dans tous les tons.

N° 4.
Moderato. (92 = ♩)
Chant.
Basse.
legato.
p

* Ce morceau est extrait d'un trio de mon solfège d'Ensemble.

N° 6. Moderato. (♩=100)

N.º 7.
Allegro moderato. (♩=132)
Fugue réelle.
Chant.
Basse.
mf
mf

8 unisson
N° 8.
Allegretto (♪=160)
Chant.
Basse.
p

N°9.
Allegro (♩=104)
PLAISANTERIE A DEUX VOIX.
Style fugué
Chant.
Basse.

unissons.

A DEUX SOPRANI.

(1) Dans ce système de solfège à 2 voix, l'accompagnateur habil doit composer une basse dessous les deux parties vocales.

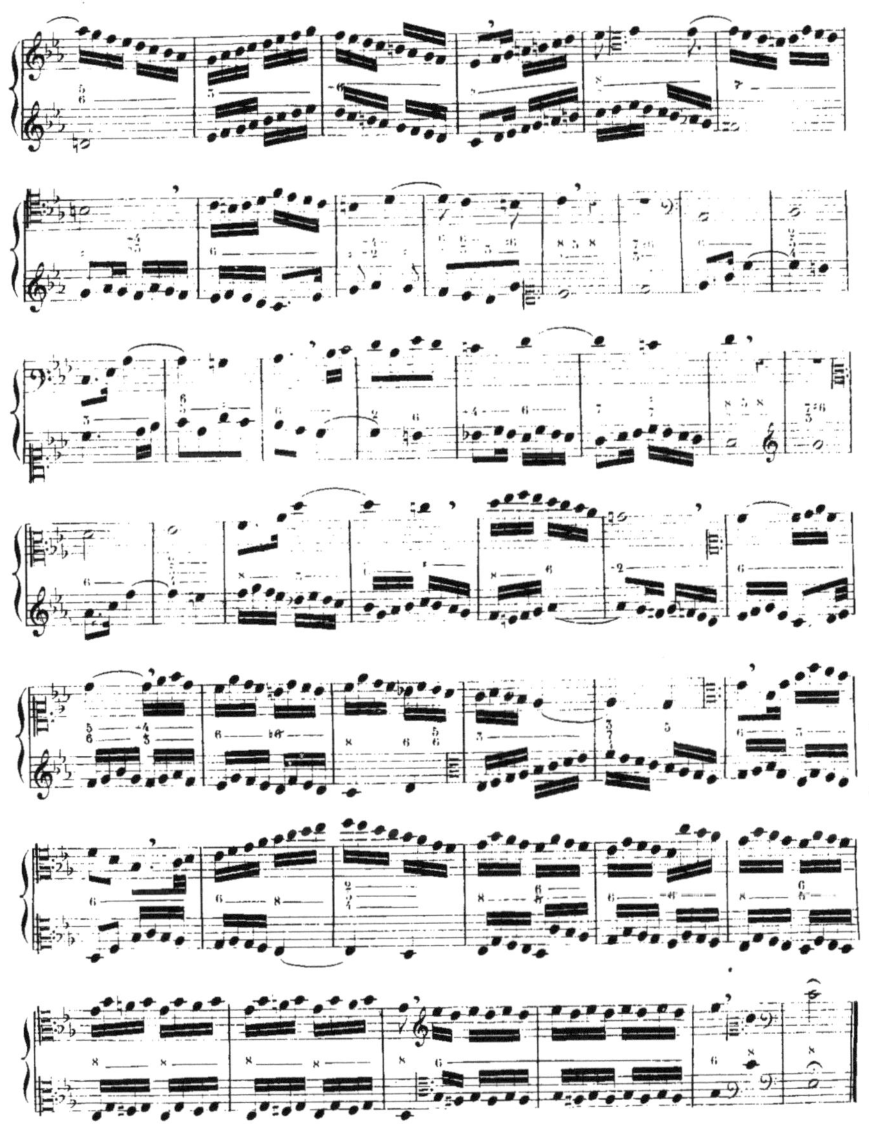

N° 11.

Andante. (♩=96)

CANON A DEUX VOIX.

N.º 12.
Andte grazioso. (♩=88)
Chant.
Basse.
p legato.

modulation enharmonique.

N°13.

Andantino quasi allegretto. (♩= 96)

N°. 14.

Allegretto. (♪ = 168)

Chant.

p

Basse.

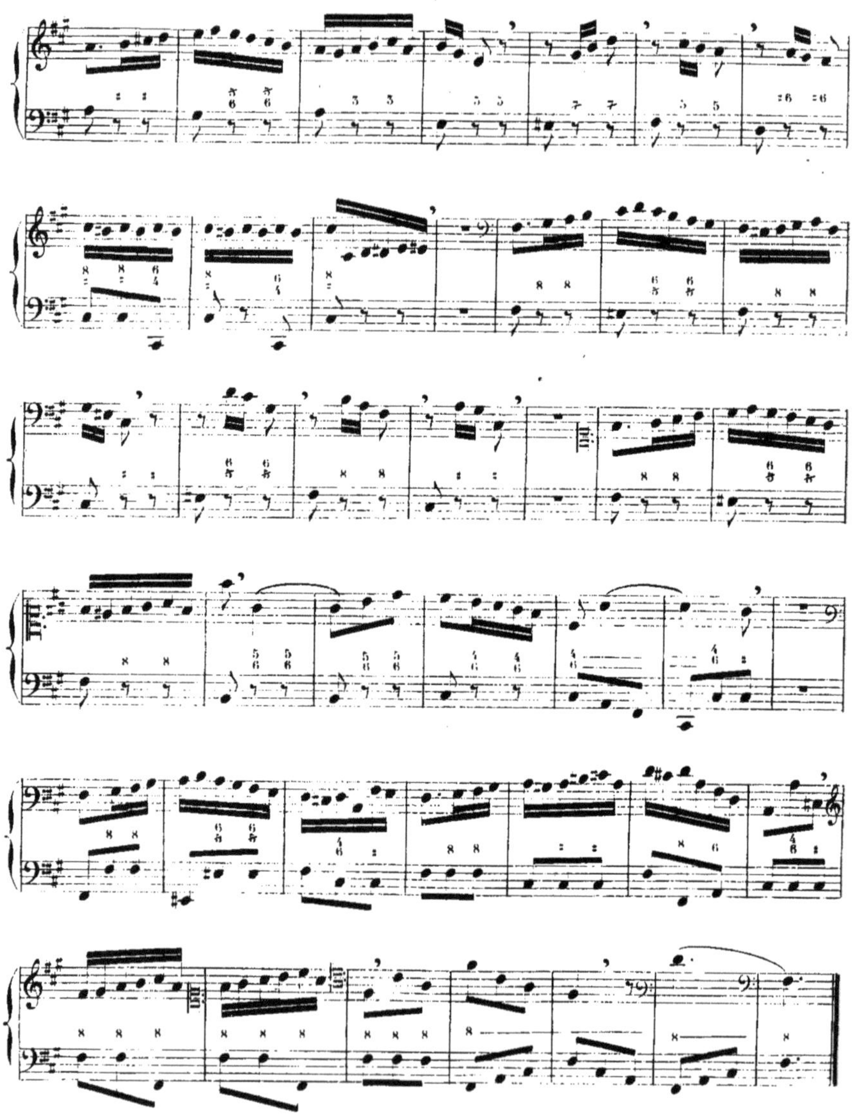

MÉLODIE ITALIENNE VARIÉE.

mineur.

N.° 16.

Allegro moderato (108=♩)

Chant.

Basse.

N°17.

Andante grazioso. (♪ = 104)

Chant.

Basse.

legato.

p

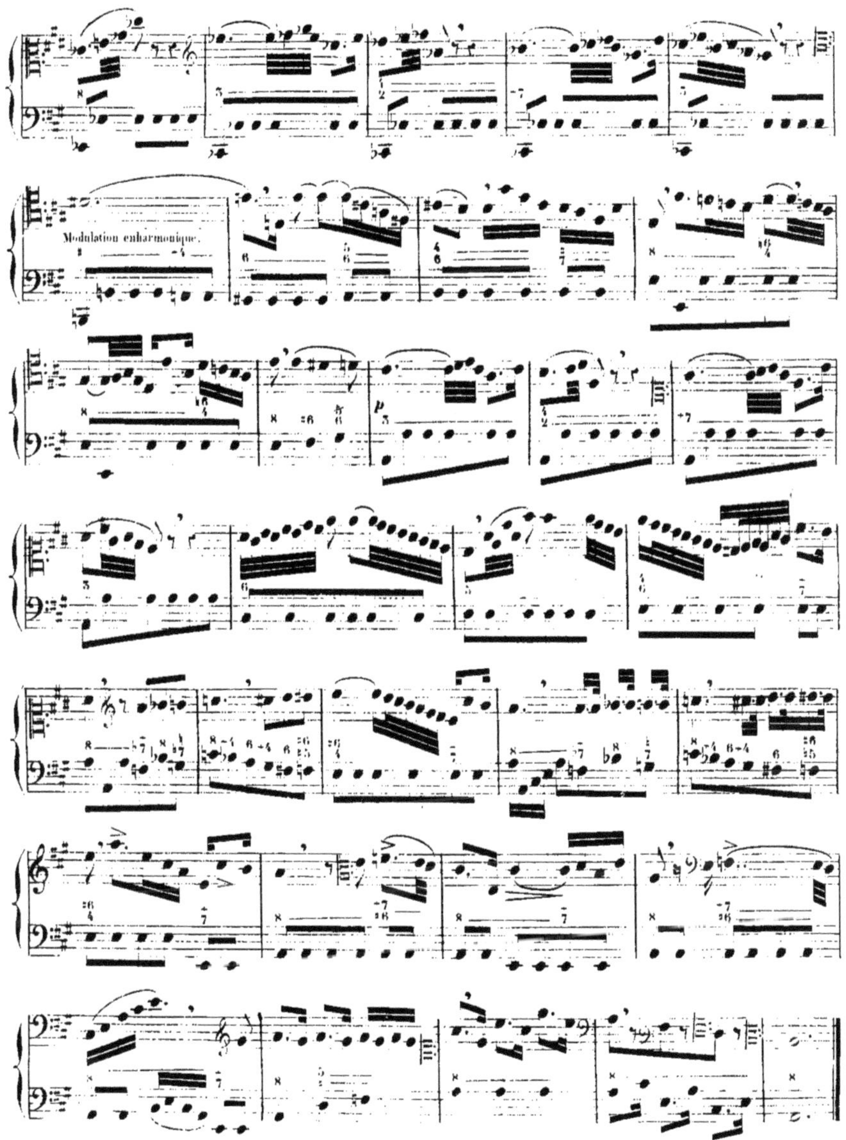
Modulation enharmonique.

N° 18. Moderato. (84 = ♩) Style fugué.

(1) Chant composé sur une basse de mon traité d'harmonie pratique.

Allegretto Giusto. (126 = ♪) Style fugué.
N° 19.
Chant
Basse.
p

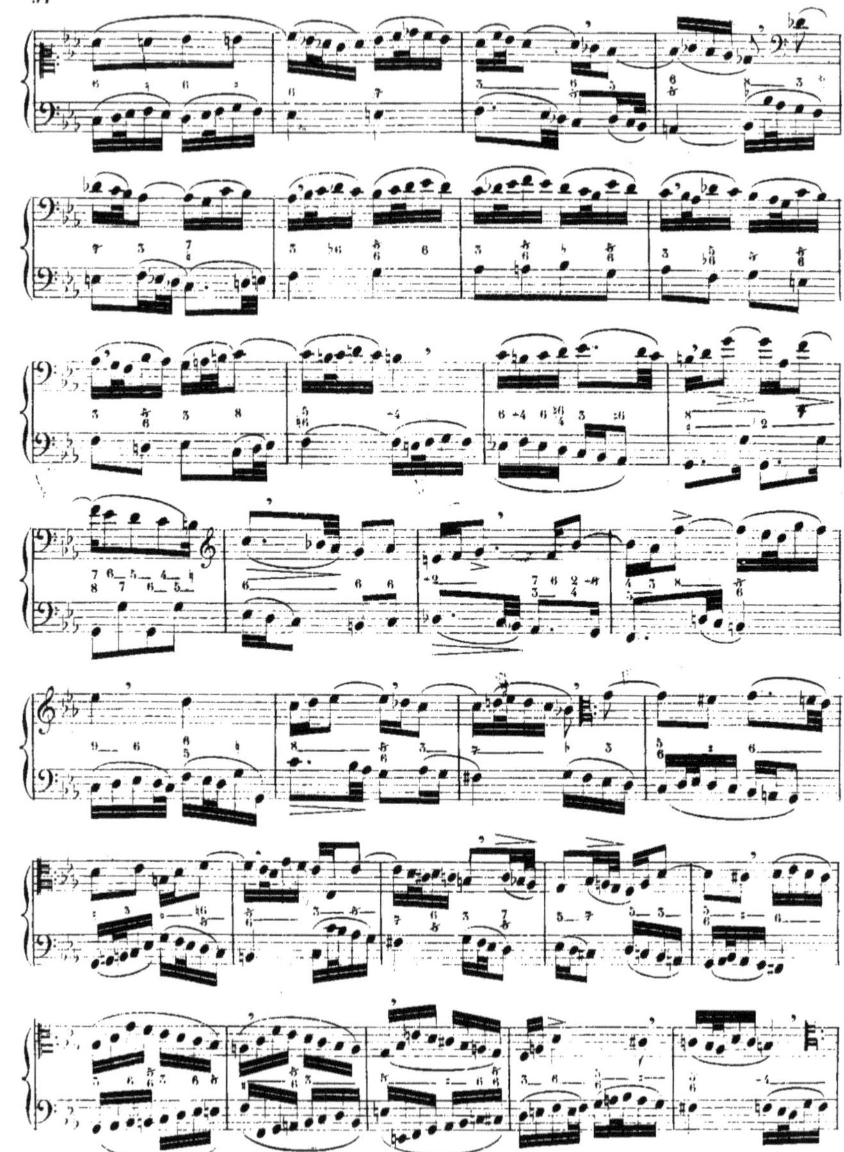

N° 20.
Allegretto. (176 = ♪)
Chant.
Basse.
pp
Legatissimo.
p

N°21.
All.tto quasi Allegro.(96 ♩.)
Chant.
Basse.
p

N.º 22.

Style fugué.
Moderato. (92 = 𝅗𝅥)

Andante.
1º tempo.

N° 23.
Andante grazioso (46=)
Chant.
Basse.
p
Legato.
p
p

N°. 24. Andantino moderato. (112= 𝅗𝅥)

L'élève doit apprécier de lui même et à vue si les mesures sont à 2 à 3 ou à 4 tems.

(1) Cette fugue est extraite de mon Solfège pour Basse taille et Baryton.

Unissons.
Unissons.

N° 26.
Moderato (100 = ♩)
Style fugué.
Chant.
Basse.

N° 27.
Allegretto deciso. (138 = ♩)
Chant.
Basse.
mf
p

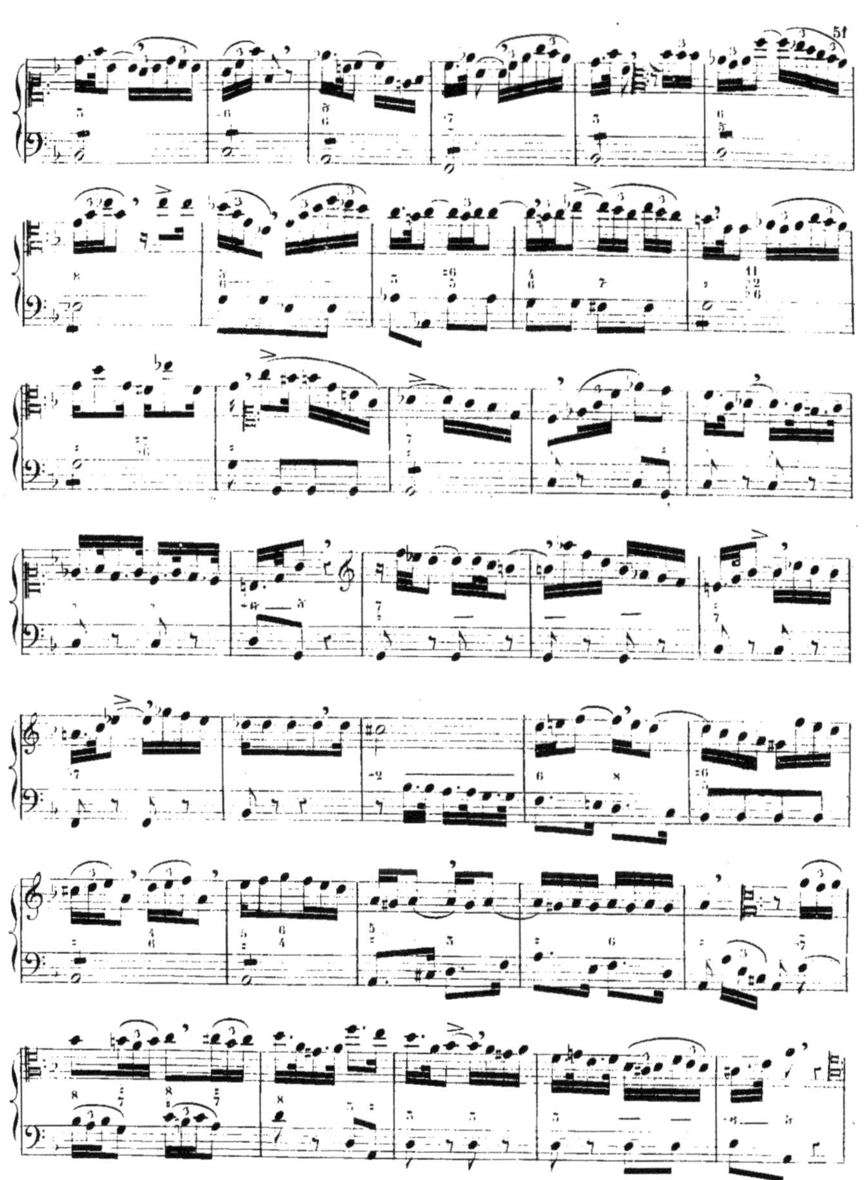

N° 28.
Maestoso. (♩=92)
CHANT
Basse.

Unissons.

Unissons.

N° 29.
Andante. (♪=138)
Chant.
Basse.
p

No. 39. (♩=100) Allegro. style fugato.

N° 31.
Adagio. (♪=100)
Chant.
Basse.
legato. p
Enharmonique
p

Enharmonique

N° 32.

33.

Lento (52 = ♩)

Chant.

Basse.

(1) Chant composé sur une des basses de mon traité d'harmonie pratique.

34. Andantino grazioso. (96 = ♩.)

p cresc.

p

35.

(1) Chant composé sur une des basses de mon traité d'harmonie pratique.

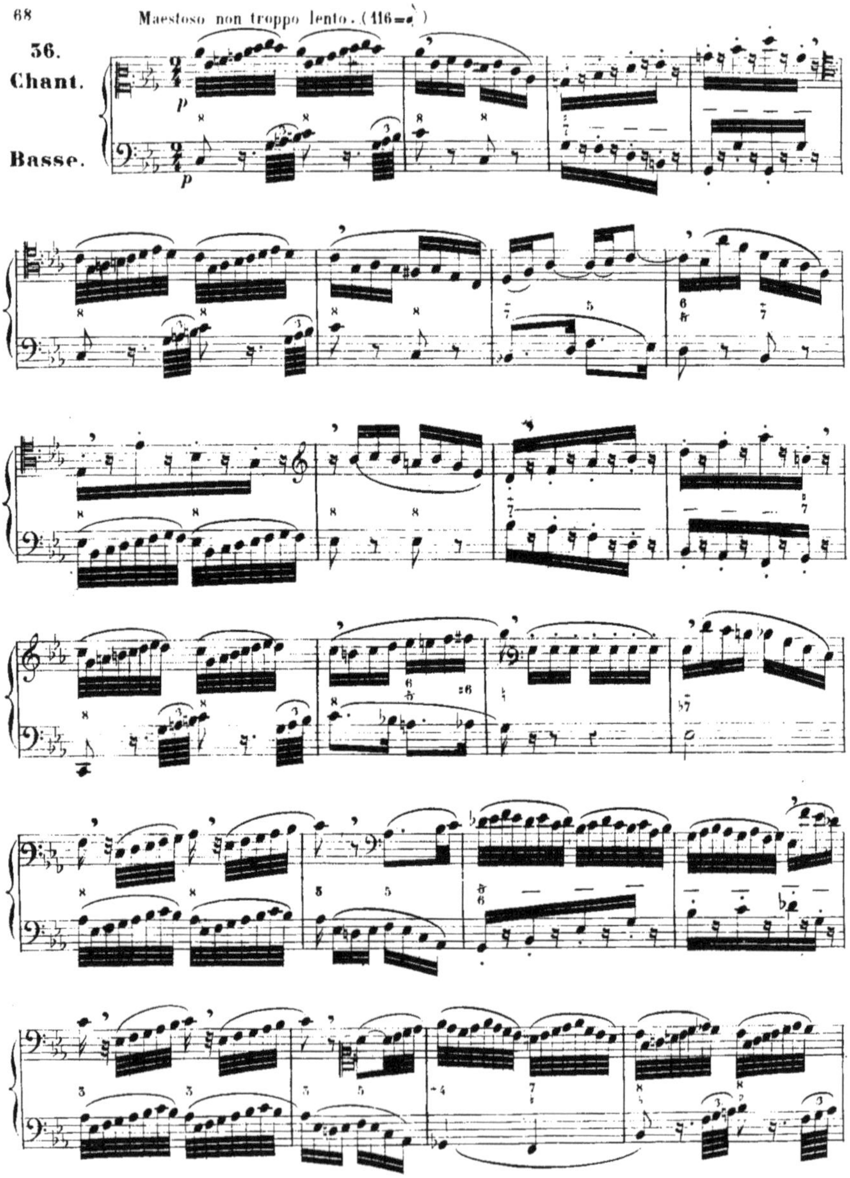

Maestoso non troppo lento. (116 = ♩)

36.

Chant.

Basse.

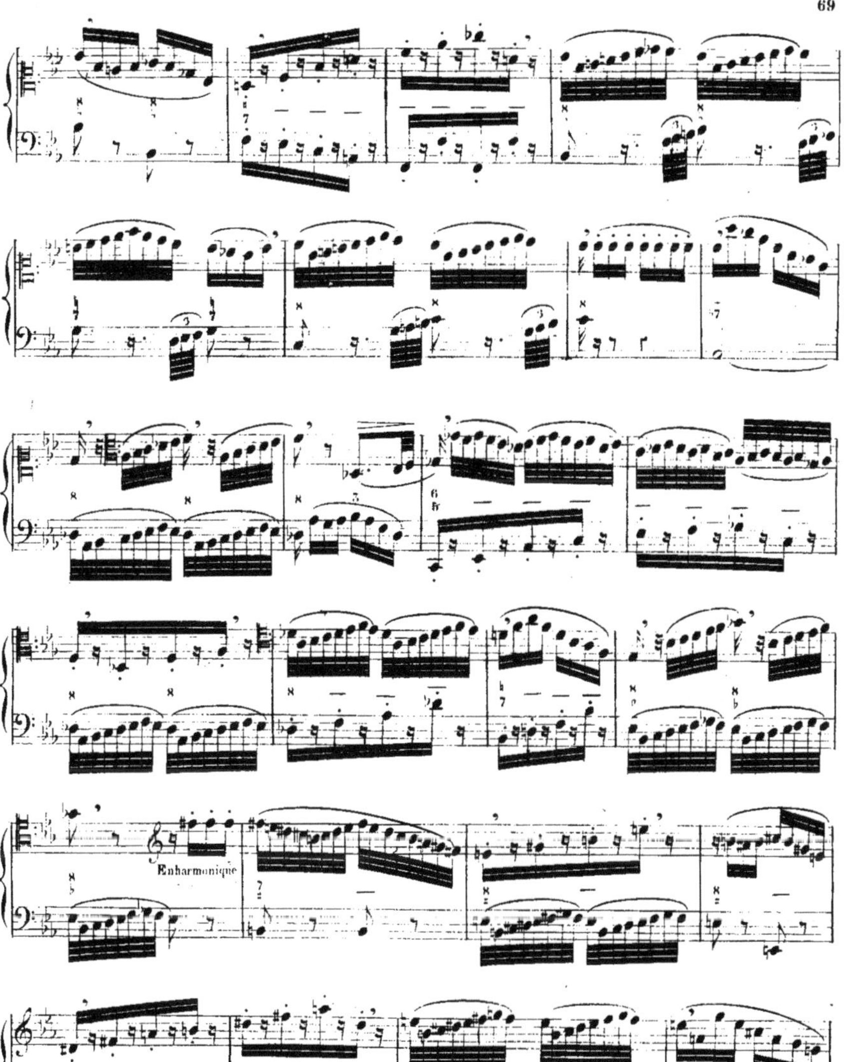
Enharmonique

Paris — Imprimerie de L. DUVERGER, rue des Grès, n° 11.

www.ingramcontent.com/pod-product-compliance
Ingram Content Group UK Ltd.
Pitfield, Milton Keynes, MK11 3LW, UK
UKHW020355180726
13839UKWH00003B/1113